für Anna

M. B.

for my dearest friend Paula

Ingrid

Marlies Bardeli

ellington

Mit Bildern von Ingrid Godon

Peter Hammer Verlag

Frau Treuherz war eine bescheidene, freundliche Dame. Sie verdiente ihr Geld als Klavierlehrerin. Jeden Morgen nach dem Frühstück übte sie selbst ein wenig, nachmittags unterrichtete sie ihre Schüler.

Manchmal ging sie im Stadtpark spazieren. Dort setzte sie sich auf eine Bank unter einer Trauerweide und blickte auf den See. Es war ein schöner See, mit Schilf am Rand und kleinen Wolken drüber.

Ihr Heimweg führte durch eine Einkaufsstraße, am Geflügelhändler vorbei. Davor stand eines Tages, bereit zum Abladen, ein offener Lieferwagen mit Hühnern, Gänsen, Enten und Tauben. Sie sah ihn sofort: Ellington. Ein prächtiger Enterich, groß und kräftig und schneeweiß. Sie wusste gleich, dass er so heißen müsste. Nach Duke Ellington, dem berühmten Jazzmusiker aus Amerika. Sicher erwartete den Enterich nichts anderes als ein Bratofen. Er schaute sie um Hilfe bittend an. Ja, er meinte wirklich sie. Wenn jemand einen so anschaut und wenn man ihm dazu noch einen Namen gegeben hat, ist man für ihn verantwortlich. So kaufte Frau Treuherz Ellington.

Sie trug den Käfig durch die Straßen. Ellington wandte ihr den Kopf zu und lächelte, so gut ein Enterich eben lächeln kann. In der Wohnung ließ sie ihn hinaus. Er wanderte neugierig herum. Sie zerpflückte ihm einen Weißkohl und stellte eine Schale Wasser daneben.

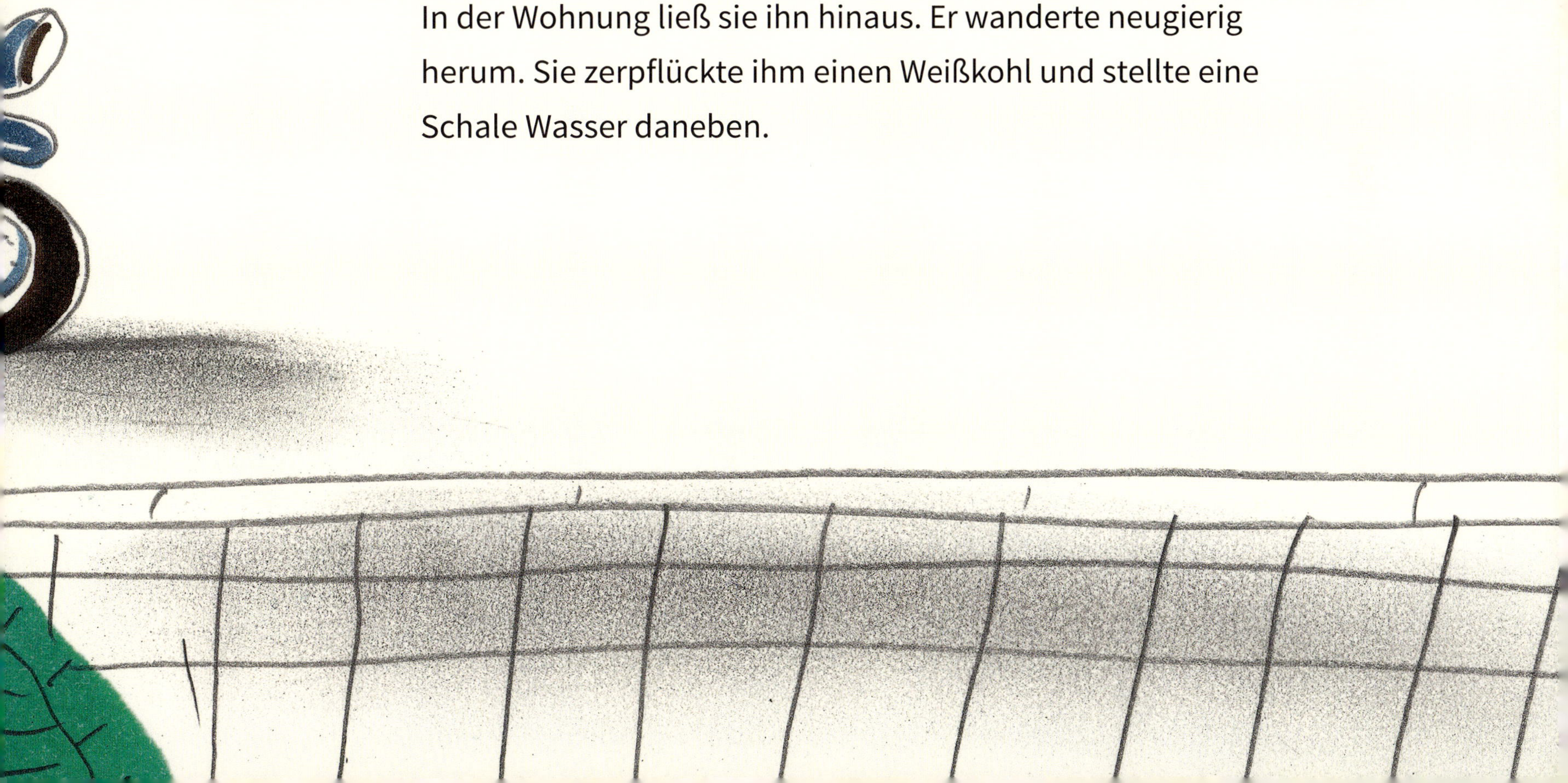

Abends wollte Ellington in Frau Treuherz’ Bett schlafen. Er flog auf ihre Bettdecke, breitete die Flügelspitzen über sein Gesicht und schloss zufrieden die müden Augen. Bevor er einschlief, legte er den Kopf auf Frau Treuherz’ Arm. Vorsichtig berührte sie einen Flügel.
Wie weich das war! Sie spürte das klopfende Entenherz und war getröstet und zufrieden. In dieser Nacht träumte sie gut. Und Ellington tat das auch.

Seit der Enterich bei Frau Treuherz lebte, kamen die Klavierschüler manchmal sogar schon vor der Zeit.
Sebastian sah kaum aufs Notenblatt, sah nur auf Ellington, der munter im Zimmer herumwatschelte.
Flora brachte ihm Löwenzahn und Petersilie.
Die Zwillinge Milly und Molly spielten *Alle meine Entchen* vierhändig, was ihm zu gefallen schien.
Der meistens ernst dreinblickende Herr Straubinger aber rief: „Das lasse ich mir nicht bieten!“, als Ellington aufs Klavier flog, um sich dort in voller Größe aufzurichten. „Nein, diese Stunde bezahle ich nicht.“

Als Frau Treuherz eines Morgens einen Vogelstimmenwalzer spielte, kam Ellington herbei, schaukelte dazu im Takt mit dem Hinterteil und drehte sich dann auf einem Fleck, wobei er einen Flügel zierlich hob. Frau Treuherz war ganz aus dem Häuschen darüber.

Als Milly und Molly einmal heimtückisch ein Lied spielten, in dem ein Wolf eine Ente verschluckte, wurde Ellington wild und biss Milly in die Wade. Wäre Molly nicht auf die Klavierbank gesprungen, hätte er auch sie gebissen. Und er schnatterte erbost über das schlimme Lied. „Dann hat er es also verstanden!“ Milly blieb einen Moment lang stumm vor Staunen. „Das kann doch gar nicht sein!“, wunderte sich Molly.
Oh doch, so war es. Frau Treuherz fand heraus, dass Ellington eine sehr musikalische Ente war. Ja, er konnte verstehen, was die Töne erzählten.

Ganz besonders mochte er Musik, die von Geflügel handelte, es mussten nicht unbedingt Enten sein. Wenn er so etwas hörte, begann er zu tanzen.

Frau Treuherz war jetzt meistens fröhlich. Die Tage erschienen ihr wichtiger und heller, denn sie hatte jemanden, um den sie sich kümmern konnte. Ellington aber? Der wurde traurig. Und immer trauriger. Da half weder das beste Futter, noch die schönste Musik. Einmal, als die Balkontür einen Spalt offenstand, schlüpfte er hinaus, reckte den Hals der Sonne entgegen und spürte den frischen Wind in den Federn.
War das schön! Wie der Baum lockte! Und der so blaue, weite Himmel!

Gerade wollte er losfliegen, da fing Frau Treuherz ihn wieder ein. Ab jetzt hockte er nur noch betrübt vor dem Fenster und sah sehnsüchtig hinaus. Was sollte Frau Treuherz nur tun? Da kam Flora auf die Idee mit der Leine und brachte zur nächsten Klavierstunde eine von zu Hause mit.

Frau Treuherz trug Ellington durchs Treppenhaus, auf dem Bürgersteig setzte sie ihn nieder. Er flatterte zunächst mehr als zu watscheln und versuchte, die lästige Leine mit dem Schnabel zu entfernen. Die Autos erschreckten ihn. Als sich ein großer Bus näherte, flüchtete er auf Frau Treuherz' Arm.

Die Leute wunderten sich und schüttelten die Köpfe. Manche wischten sich ungläubig über die Augen oder putzten ihre Brillen. Einige lachten, Frau Treuherz bemerkte es wohl. Ihr Herz klopfte schneller und sie errötete. Manchmal stolperte sie fast. Sie war es nicht gewohnt, dass alle sie anstarrten.

Am zweiten Tag ließ sich Ellington die Leine schon leichter anlegen. Auf dem Bürgersteig setzte er sich sogleich in Bewegung, wandte sich nach links und rechts und quakte, wenn laute Autos vorbeifuhren.

Dann kamen die Hunde. So viele auf einmal!
Was war das für ein Gebell! Sie zogen an ihren Leinen, die Frauchen und Herrchen konnten sie kaum halten, alle wollten sie zu Ellington. Der flog wieder auf Frau Treuherz' Arm. Sie hielt ihn zitternd inmitten der aufgeregten Tiere, wobei sie sich auf die Zehenspitzen stellte.

Am nächsten Tag ging Frau Treuherz mit Ellington in den Stadtpark zum See. Sie ließ die Leine aus und er begann zu schwimmen, voller Glück. Er sah zu ihr zurück und lächelte, so gut ein Enterich eben lächeln kann. Andere Enten kamen und schwammen mit ihm. Frau Treuherz setzte sich auf die Bank unter der Trauerweide und wartete geduldig.
Als es Abend wurde, rief sie nach ihm und zog etwas an der Leine, doch er tat, als merke er es nicht. Frau Treuherz aber rief und rief und zog wieder und wieder, bis er schließlich kam.

Beleidigt watschelte er hinter ihr her. Zu Hause putzte er sich lange das Gefieder. Er wollte schön sein für den nächsten Tag am See. Es war nämlich ein besonders hübsches Entenmädchen dort gewesen, das Federkleid braun mit Punkten und auf dem Kopf eine Locke. Er träumte die ganze Nacht von ihr.

Und wieder waren sie am See. Glücklich schwamm Ellington hinaus, soweit die Leine reichte. Die anderen Enten umringten ihn. Zwischen ihnen war auch die kleine mit der Locke auf dem Kopf.
Wie war es doch schön auf dem Wasser! Es plätscherte, glitzerte und gluckste um ihn her. Vögel flogen drüber hin und Frösche quakten mit den Enten um die Wette.
Frau Treuherz fielen die Augen zu. Sie träumte … und die Leine glitt ihr aus der Hand.

Als sie erwachte, ging die Sonne gerade unter. Da merkte Frau Treuherz, dass die Leine fehlte. „Ellington, komm zurück!“

Doch Ellington schwamm neben seiner Lieblingsente im Schilf herum und tat so, als höre er ihr Rufen nicht. Da watete sie in den See hinein. Das Wasser war kalt. Die Kleider wurden nass. Es wurde tiefer und sie begann zu schwimmen, wobei sie immer wieder seinen Namen rief.

Ellington hätte fortschwimmen können, aber er tat es nicht, sondern ließ sich fangen. Ein paar Mal noch wandte er den Kopf nach dem Entenmädchen, wobei er lebhaft schnatterte.

„Sicher eine Verabredung für morgen“, dachte Frau Treuherz.

„Aber da irrst du dich, Freundchen. Der See ist ab jetzt gestrichen.“

Drei Tage mindestens wollte Frau Treuherz nicht mehr mit ihm hinaus. Sie las ihm Entengeschichten vor. Sie spielte den Vogelstimmenwalzer. Sie gab ihm das beste Futter. All das tat sie, damit er den See vergaß. Doch er zog ungeduldig an ihrem Rocksaum, holte ihre Schuhe herbei und hockte sich vor die Wohnungstür. Wie gern wollte er wieder hinaus!

Sie aber blieb stur. Da wurde Ellington wild. Er stieß den Abfalleimer um. Er flog laut schnatternd durchs Zimmer und schaukelte auf der Hängelampe. Er flog aufs Bücherregal und stieß den Globus um. Doch Frau Treuherz gab nicht nach. Nun gerade nicht! Diesmal sollte er sich nach ihr richten. Aber es kam anders.

Ellington legte sich in einen dunklen Winkel und trauerte. Zwei Tage vergingen.
Er rührte sich nicht vom Fleck, auch fraß und trank er nicht. Frau Treuherz' Standhaftigkeit geriet ins Wanken.
„Er ist doch nicht krank?“, fragte Flora. Auch Sebastian und die Zwillinge vermissten ihn.
Dann kam Herr Straubinger. Der versäumte keine Klavierstunde mehr, nicht nur wegen der Musik, sondern vor allem wegen Frau Treuherz. Wenn sie neben ihm saß und in die Noten eintrug, was einzutragen war, verwandelte sich sein Blut in lauter Kribbelwasser. Ganz komisch war das.

Sie sahen nach Ellington. Ein Federhäufchen Unglück. Ein Blinzeln einmal aus einem Auge. Mehr nicht.

Da hatte Herr Straubinger keine Lust mehr Klavier zu spielen.
Stattdessen begann er zu tanzen. Es kam wie von selbst.
Es war wohl das Kribbelwasser in ihm.
Und wie er tanzte!
Dazu sang er ein Hühnerlied aus einem alten Film, ein Entenlied konnte er nicht …

„Ich wollt, ich wär ein Huhn,
ich hätt nicht viel zu tun.
Ich legte jeden Tag ein Ei
und sonntags auch mal zwei.“

Herr Straubinger legte einen Stepp hin, dass sich die Balken bogen. Frau Treuherz wollte das Lied auch lernen und sie übten gemeinsam. Dabei verwandelte sich auch ihr Blut in Kribbelwasser.
Plötzlich kam Ellington herbei. Erst schaute er nur. Dann aber tanzte er mit und sie wirbelten zu dritt durch die Stube.
Frau Treuherz‘ harte Vorsätze schmolzen wie Frühlingsschnee in der Sonne, und sie sagte: „Morgen gehen wir wieder an den See, versprochen.“
Ellington lächelte, so gut ein Enterich eben lächeln kann, und Herr Straubinger sagte:
„Ich komme mit.“

Silbrig lag der See da, mit Schilf am Rand und kleinen Wolken drüber. Ellington zappelte vor Freude, als Frau Treuherz ihm die Leine abnahm. Dann watschelte er ins Wasser hinein und schwamm selig davon.

Frau Treuherz weinte etwas. Auf dem Heimweg kaufte Herr Straubinger ihr zum Trost einen Luftballon. Das half ein bisschen.

Ellington aber erfand ein wunderbares Lied über die Freiheit und das Glück.
Da er weder eine Amsel noch eine Nachtigall war, konnte er es nicht singen.
Aber tanzen konnte er es, auf dem Wasser.
Und die kleine braune Ente verstand es sowieso.

Marlies Bardeli, 1951 in Celle geboren, ist auf einem Bauernhof bei Uelzen aufgewachsen. Sie studierte Musik und Germanistik und schrieb Drehbücher, Theaterstücke und Songkompositionen. Ihre Bücher wurden in mehrere Sprachen übersetzt. *Timur und die Erfindungen aus lauter Liebe* (Bilder: Anke Kuhl, Sauerländer) wurde für den Deutschen Jugendliteraturpreis nominiert. Die Autorin lebt mit ihrer Familie in Reinbek bei Hamburg.

Ingrid Godon, geboren 1958 in Antwerpen/Belgien, gehört zu den international bekanntesten Illustratorinnen, ihre Bücher wurden in 40 Sprachen übersetzt. Sie erhielt viele Auszeichnungen, u. a. den Deutschen Jugendliteraturpreis für *Ich wünschte* (Text: Toon Tellegen, Mixtvision). Ihr erstes deutschsprachiges Bilderbuch *Warten auf Seemann* (Text: André Sollie) erschien 2001 im Peter Hammer Verlag. www.ingridgodon.be

MIX
Aus verantwortungsvollen Quellen
FSC® C022120
FSC www.fsc.org

Liedzitat auf Seite 38 „Ich wollt, ich wär ein Huhn“: Musik von Peter Kreuder, Text von Hans Fritz Beckmann, aus dem Film „Glückskinder“ (1936)

2. Auflage 2022
Dieses Bilderbuch entstand in Zusammenarbeit mit
Paula Peretti Literarische Agentur, Köln.

Satz: Graphium Press, Wuppertal
Druck: TBB a.s.
ISBN 978-3-7795-0589-1
www.peter-hammer-verlag.de